L'ÉNIGME

DES

FRUITS EN DROIT ROMAIN

IMPRIMERIE
CONTANT-LAGUERRE

BAR-LE-DUC

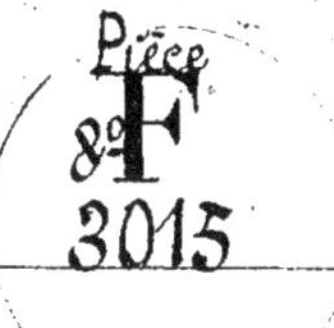

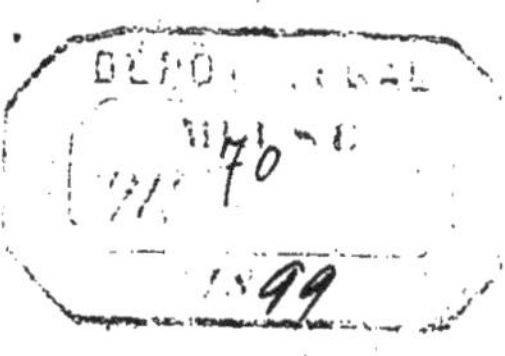

L'ÉNIGME

DÉS

FRUITS EN DROIT ROMAIN

PAR

B. EFIMOF

PROFESSEUR A L'UNIVERSITÉ DE SAINT-PÉTERSBOURG

(Extrait de la *Nouvelle Revue historique de Droit français et étranger*
de Mars-Avril 1899.)

PARIS

LIBRAIRIE DE LA SOCIÉTÉ DU RECUEIL GÉNÉRAL DES LOIS ET DES ARRÊTS
FONDÉ PAR J.-B. SIREY, ET DU JOURNAL DU PALAIS
Ancienne Maison L. LAROSE & FORCEL
22, rue Soufflot, 22

L. LAROSE, Directeur de la Librairie

1899

L'ÉNIGME

DES

FRUITS EN DROIT ROMAIN

PAR

B. EFIMOF

PROFESSEUR A L'UNIVERSITÉ DE SAINT-PÉTERSBOURG

(Extrait de la *Nouvelle Revue historique de Droit français et étranger*
de Mars-Avril 1899.)

PARIS

LIBRAIRIE DE LA SOCIÉTÉ DU RECUEIL GÉNÉRAL DES LOIS ET DES ARRÊTS
FONDÉ PAR J.-B. SIREY, ET DU JOURNAL DU PALAIS
Ancienne Maison L. LAROSE & FORCEL
22, *rue Soufflot*, 22

L. LAROSE, Directeur de la Librairie

1899

L'ÉNIGME DES FRUITS EN DROIT ROMAIN

Celui qui acquiert la possession d'une chose sans savoir qu'elle appartient à autrui devient possesseur de bonne foi. Il fait, d'après les juristes classiques, les fruits siens (*fructus suos facit*). Doit-il en indemniser le propriétaire en cas de revendication de la chose? D'après les textes, le possesseur de bonne foi est affranchi de la restitution des fruits consommés (*fructus consumti*) avant le procès (*ante litis contestationem*). Mais aux fruits consommés, on oppose toujours les fruits existants (*fructus exstantes*), et quoique les juristes ne nient jamais la restitution des fruits existants, ils ne l'imposent nulle part catégoriquement. C'est seulement à la fin du IIIe siècle, qu'on en trouve la première trace dans un rescrit de Dioclétien (c. 3, 32, 22). Elle existe aussi plus tard, sous Justinien (J., 2, 1, 35).

Dans les écrits des jurisconsultes romains, cette restitution des fruits existants est passée sous silence. Pour expliquer ce fait, les romanistes ont imaginé plusieurs systèmes très différents.

La première hypothèse (1) voit dans ce silence une application logique du principe qui donnait au possesseur la propriété des fruits, et n'en admettait aucune restitution. On demande alors à quoi servent les phrases qui déclarent le possesseur non responsable des fruits consommés? On répond que ces phrases ont été interpolées par les compilateurs du Digeste, précisément à cause du rescrit illogique de Dioclétien qui rendait le possesseur de bonne foi responsable des fruits existants. Mais il n'est pas indispensable, verrons-nous, d'admettre cette interpolation.

---

(1) Pellat, *Exposé des principes généraux du droit romain sur la propriété*, 1853. Kremlow, *La séparation des fruits* (en russe), 1868. Czyhlarz, *Die Eigenthumserwerbarten*, 1887. Pernice, *Labeo*, 1895. Mancaleoni, *Studi sull'acquisto dei frutti*, 1896.

Une autre hypothèse (1) prend le silence des juristes pour une adhésion tacite à la restitution des fruits existants. Pour la justifier, Savigny ne reconnaît au possesseur de la chose, que la possession des fruits, possession qui ne saurait prévaloir contre la propriété du revendiquant. Cette hypothèse a été développée par M. Göppert. Mais cette opinion est contraire au texte de Paul, portant que le possesseur acquiert immédiatement les fruits, sans usucapion (D., 41, 3, 4, 19 : « nec usucapi debet, quoniàm in fructu est »)? Windscheid a proposé un amendement, en attribuant au possesseur un droit spécial de consommer les fruits (*Consumtionsbefugniss*). Mais il oublie qu'on peut quelquefois réclamer au possesseur de bonne foi la valeur de la chose frugifère elle-même (D., 12, 1, 23), lorsqu'elle a été consommée.

La troisième hypothèse ne voit dans le silence des juristes rien qui s'oppose à l'admission de la propriété du possesseur sur les fruits, ni qui soit contraire au rescrit postérieur de Dioclétien. La restitution des fruits existants se ferait de deux manières :

Les uns admettent une revendication spéciale des fruits. Ce sont ceux qui attribuent au possesseur un droit inférieur de propriété sur les fruits. Jancke donne à ce droit le nom de propriété bonitaire, tandis que le droit du propriétaire de la chose serait une propriété quiritaire. Köppen qualifie le droit du possesseur sur les fruits de propriété temporaire ou conditionnelle. Mais les textes ne la qualifient jamais de bonitaire. On ne peut pas davantage l'appeler conditionnelle, comme l'a prouvé Waldeck (2).

D'autres reconnaissant au possesseur la propriété pleine et irrévocable des fruits en admettent la restitution dans la revendication de la chose frugifère, et cela au moyen d'une stipulation (*praestatio personalis*) imposée par le juge (*officio iudicis*) au défendeur. Cette hypothèse très répandue jadis parmi

____

(1) Savigny, *Recht des Besitzes*, 7te Auflage. Windscheid, *über das Recht des redlichen Besitzers* (Ztschr. f. Civilr., N. F, IV). Göppert, *über die organischen Erzeugnisse*, 1869.

(2) Jancke, *das Fruchtrecht des redlichen Besitzers und des Pfandgläubigers*, 1862. Köppen, *der Fruchterwerb des bonae fidei possessor*, 1872. Waldeck, *Archiv für civilistische Praxis*, 57.

les glossateurs est soutenue aujourd'hui par Vangerow (1). Mais elle ne répond pas à la question principale : par quelle cause juridique le possesseur de bonne foi ayant le même droit aux fruits que le propriétaire de la chose, pourrait-il être obligé par le juge à restituer les fruits existants? Cette obligation n'est pas motivée ; la cause juridique y manque.

Petrazicky a voulu récemment (2) remplacer la cause juridique par la cause économique. Selon lui l'attribution des fruits dans la revendication de la chose doit être faite d'après la destination naturelle de ces fruits, c'est-à-dire à celui qui en a le plus besoin au point de vue de l'économie politique. Les fruits des immeubles (foin, grains de seigle, froment, fumier, etc.) sont plus nécessaires au revendiquant (pour continuer la culture) qu'au possesseur qui est obligé d'abandonner le terrain. Mais *à priori* ce principe de l'économie politique est bilatéral. L'équité se serait imposée à l'arbitraire du juge, et le juge ne se serait pas permis d'exproprier les fruits du défendeur, quand le demandeur n'en était pas seul destinataire ; ce qui pouvait avoir lieu dans la revendication des jardins fruitiers, des forêts, des meubles, etc. Évidemment ce principe ne correspond pas au rescrit de Dioclétien qui exige quand même la restitution des fruits existants.

I

Est-ce à dire que les juristes romains, si puissants logiciens, se soient départis sur une question particulière de leur rigueur méthodique ? Pas une seule fois ils ne parlent de cette brèche qu'ils auraient faite aux principes. Au contraire, la restitution des fruits existants est partout supposée comme une solution normale ayant une cause juridique. Le rescrit même de Dioclétien en parle comme d'un fait connu (*solet cum ipsa re praestare fructus exstantes*). C'est une raison de plus pour que nous cherchions dans les sources romaines une construction juridique fondée logiquement sur les principes généraux du droit.

L'autorité des jurisconsultes romains avait pour fondement

(1) Vangerow, *Pandecten*, Bd. I, § 303.

(2) Petrazicky, *Fruchtvertheilung*, 1892.

la raison et la logique (*imperium rationis*). Elle n'était pas contestée à Rome. Les empereurs mêmes qui pouvaient créer des exceptions au droit commun (*ratione imperii*), par leurs constitutions, se croyaient obligés de les motiver. Voici un exemple qui peut être utile dans notre étude (c., 8, 55, 7, 2) :

La mère-donatrice peut, en cas d'ingratitude du donataire être indemnisée de ses dons par une action personnelle. Elle n'a pas d'action réelle parce que la propriété est transférée par elle au donataire. L'action personnelle aurait déterminé la responsabilité d'après le principe de l'enrichissement injuste du donataire : outre les dons existants (*res exstantes*) il aurait été responsable des dons aliénés. Mais Justinien voulut introduire une responsabilité privilégiée qui ne comprendrait que les dons existants (*in specie*). « Actionem vero matris ita personalem esse volumus, ut vindicationis tantum habeat effectum, nec in heredem detur, nec tribuatur heredi ». Il est à remarquer que l'essence du privilège consiste dans le *vindicationis effectus*, d'après lequel le défendeur ne paie ni dommages-intérêts au demandeur, ni la somme dont il s'est indûment enrichi : il ne doit restituer que les dons reçus qui existent chez lui en nature. Même les choses qui remplacent les dons aliénés ne sont pas restituables (*mutata minime revocamus*).

La même solution s'applique à la restitution des fruits par le possesseur de bonne foi. Si cette exception ne dérive pas logiquement des principes, comment peut-elle ne pas leur être contraire?

II

Pour que la répétition des fruits contre le possesseur ait l'effet d'une revendication, il est avant tout nécessaire que le demandeur soit propriétaire des fruits. Est-ce qu'il n'a pas la propriété des fruits? Sans doute, ce droit appartient au propriétaire qui n'a pas constitué d'usufruit sur sa chose, *ius utendi fruendi*, comme un élément de la propriété. Le propriétaire n'a pas d'usufruit indépendant de sa propriété (Ulpien, D., 7, 6, 5, pr. : *qui habet proprietatem utendi fruendi ius separatum non habet*). Son droit sur les fruits n'est que *pars dominii* (Paul, D., 7, 1, 4; Ulpien, D., 42, 5, 8, pr. : *appellatione domini fructuarius quoque continetur*).

Ce droit, nous ne le nommerons pas usufruit, parce que sous ce nom spécial s'entend toujours la servitude personnelle. D'ailleurs il serait trop long de le nommer chaque fois *ius utendi fruendi*. Puisque d'après les juristes *fructus sine usu esse non potest* (Paul, rec. sent., 3, 6, 24), nous nommerons ce droit brièvement : *ius fruendi*.

C'était un principe très ancien que le *dominus proprietatis*, sans distraction du *ius fruendi*, acquérait les fruits au moment qu'ils commençaient à avoir une existence distincte. Les XII Tables permettaient au voisin de ramasser les fruits tombés sur le terrain voisin. Et quoique le fruit séparé devienne une chose indépendante ayant sa propre forme (*species*), il continue néanmoins à appartenir à la personne qui avait la propriété de la chose avec laquelle il était confondu avant la séparation (Celse, D., 6, 1, 49, 1 : *meum est quod ex re mea superest cuius vindicandi ius habeo*). A l'exemple du propriétaire, le possesseur de bonne foi acquiert les fruits par la séparation (D., 22, 1, 25, 1 : *porro bonae fidei possessor in percipiendis fructibus id iuris habet quod dominis praediorum tributum est*).

Est-ce que l'acquisition des fruits par le propriétaire ne peut pas avoir lieu si les fruits sont séparés non pas par le propriétaire lui-même, mais par un autre personnage auquel le *ius fruendi* n'est pas transféré par le propriétaire? Dans ce cas les textes ne dépouillent pas le propriétaire de son droit : si un voleur coupe le fruit de l'arbre, la *condictio* contre lui appartient au propriétaire et non pas à l'usufruitier, qui n'acquiert le fruit que moyennant *apprehensio* (D. 7, 1, 12, 5 : *interim fierent proprietarii, mox adprehensi fructuarii efficientur*). Le propriétaire peut aussi revendiquer les fruits existants et réclamer par l'action personnelle (*condicere*) les fruits consommés au possesseur de mauvaise foi (D., 13, 7, 22, 2).

Ainsi l'absence de la possession de la chose principale ne fait pas perdre la propriété des *fructus separati*, si le propriétaire n'a pas aliéné son *ius fruendi*. Le même principe s'applique au cas particulier, où la chose est détenue par un possesseur de bonne foi. C'est la seule conséquence possible.

Mais il s'est répandu dans la littérature une autre opinion différente appuyée sur une fausse interprétation d'un fragment obscur de Papinien. Le voici :

« Papinianus (D., 20, 1, 1, 2). Quum praedium pignori daretur, nominatim, ut fructus quoque pignori essent, convenit ; eos consumtos bona fide emtor utili Serviana restituere non cogetur ; pignoris etenim causam nec usucapione perimi placuit, quoniam quaestio pignoris ab intentione dominii separatur ; quod in fructibus dissimile est, qui nunquam debitoris fuerunt. »

D'après cette opinion, Papinien dit, à la fin du fragment, que les fruits n'appartiennent pas au propriétaire qui met son bien en gage, quand le bien est acquis par le possesseur de bonne foi. Ce dernier y est nommé *emtor*. De qui achète-t-il le bien? S'il l'achète du créancier gagiste, ce dernier n'a plus de droit, après la tradition, sur les fruits futurs. Mais d'après l'opinion en question le gagiste continue à être propriétaire du bien ; or l'acheteur acquiert la chose d'un quatrième ou cinquième personnage, qui possède le bien comme non-propriétaire. Cependant il n'y a dans le fragment aucune trace de possesseurs intermédiaires du bien.

Il vaut mieux s'en tenir à l'interprétation plus simple qui se passe des intermédiaires sous-entendus.

Selon nous il s'agit ici d'un cas où le bien est engagé par le possesseur de bonne foi (Cf. D., 20, 1, 18) qui le vend bientôt à un tiers et le délai de l'usucapion peut être expiré. Autrement on ne s'explique pas la remarque de Papinien : *pignoris etenim causam nec usucapione perimi placuit* (1). Si le créancier reçoit du propriétaire même le bien en gage, Papinien n'aurait aucune raison de rechercher quelle influence exerce sur l'action hypothécaire la transformation de la *bonae fidei possessio* en *dominium*. Il part du principe suivant : l'action hypothécaire ayant sa propre prescription (de 40 ou 30 ans) est valable contre le gagiste, possesseur de bonne foi, et contre tous ses successeurs qui pourraient acquérir la propriété par l'usucapion. Le possesseur de bonne foi engageant le bien peut

____

(1) Ainsi le comprend la scholie des Basiliques (Bas., 24, 2, 1, 2) : « alienum enim fundum debitor creditori obligaverit, quem debitor alii vendiderit. » Warnkönig, (*Archiv für civil. Praxis*, Bd. XXII, 415) regardait cette scholie comme inexacte parce qu'il suivait l'hypothèse d'après laquelle le possesseur de bonne foi ne devait pas en qualité de propriétaire des fruits, restituer les fruits existants. Évidemment Warnkönig se trompait.

aussi mettre en gage les fruits futurs dont il serait propriétaire.
Ce droit de gage pourrait être exercé par le créancier si les
fruits sont séparés chez le gagiste (D., 20, 1, 29, 1). Mais le
gagiste vend le bien avant la récolte. Il peut trouver un acheteur qui lui donnerait un bon prix, puisque le droit du créancier ne s'applique pas aux fruits séparés chez l'acheteur. S'il
en est ainsi, nous voyons pourquoi l'acheteur est nommé
bona fide emtor : c'est que ni lui, ni le vendeur ne savent l'existence d'un propriétaire civil du bien. Voilà pourquoi l'*actio
serviana utilis* ne fait pas que l'acheteur réponde de tous les
fruits. Dans ce cas la responsabilité est celle de tout possesseur
poursuivi par l'action hypothécaire (D., 20, 1, 16, 4) : les fruits
consommés exclus, les fruits existants sont à restituer.

Ainsi, notre fragment parle du gagiste, possesseur de bonne
foi, transférant son droit (y compris le *ius fruendi*, cette partie intégrante de la *bonæ fidei possessio*) à l'acheteur, qui peut,
sans doute, usucaper le bien. Par conséquent il n'y a rien là
de contraire à notre thèse : le propriétaire qui n'aliène pas le
ius fruendi ne perd pas la propriété des fruits, séparés par le
possesseur de mauvaise ou de bonne foi.

III

Peut-être, le possesseur de bonne foi n'avait jusqu'au iie siècle qu'une simple possession des fruits qu'il acquérait par la
perception. Mais les juristes des iie et iiie siècles (Julien, Pom-
ponius, Gaius, Paul, Ulpien) lui attribuent la propriété des fruits.

Les expressions des sources ne sont pas toujours exactes
dans le sens juridique. Telles sont : *bonæ fidei possessor fructus suos facit* (D., 41, 1, 48), *fructus — bonæ fidei possessoris
— fieri* (D., 7, 4, 13). Ces expressions indiquent quelquefois
la simple possession : par exemple, celui qui achète du possesseur de bonne foi n'acquiert, naturellement, que la possession des accessoires de ce bien (D., 19, 1, 17, 2 : *fundo ven-
dito — sterculinum et stramenta emtoris sunt*) (1). — La ré-

---

(1) Un autre exemple : la fiancée transfère des choses au fiancé en dot,
ut statim res eius fiant. Quoique le fiancé n'acquière pas les choses qui font
partie de la dot (la dot ne lui sera acquise qu'après le mariage), il les possède néanmoins avant le mariage, *pro suo* (D., 41, 9, 1, 2).

ponse la plus décisive nous est donnée par Paul (D., 41, 3, 4, 19) : *lana ovium nec usucapi debet, sed statim emtoris fit*, c'est-à-dire, le fruit (la laine) ne doit pas être usucapé, il appartient immédiatement à l'acheteur. Ce qui manque à la possession de bonne foi pour devenir la propriété, n'est pas nécessaire à l'acquisition du plein droit réel (*plenum ius*) (1) sur les fruits (2).

Pourquoi a-t-on reconnu au possesseur de bonne foi la propriété des fruits? N'y a-t-il pas quelque chose de singulier dans la condition juridique du possesseur à l'égard des fruits?

Tous les juristes qui font mention de la propriété des fruits attachent l'acquisition à la *separatio fructuum*. Julien (D., 22, 1, 25) : « bonae fidei possessor in percipiendis fructibus id iuris habet, quod dominis praediorum tributum est ; — ad bonae fidei autem possessorem pertineant, quoquo modo a solo *separati* fuerint». — Gaius (D., 22, 1, 28) : « agni et haedi et vituli *statim* pleno iure sunt bonae fidei possessoris ». — Ulpien (D., 47, 2, 48, 6) : « ex furtivis equis nati *statim* ad emtorem pertinebunt; merito, quia in fructu numerantur ». — Paul (D., 41, 1, 48, pr.) : « *statim* ubi a solo separati sunt, bonae fidei emtoris fiunt ». — Paul (D., 41, 3, 4, 19) : « *statim* emtoris fit ».

Il est évident que le possesseur avait besoin d'un tel droit valable dès la séparation des fruits. Pourquoi? La possession ne pouvait lui appartenir que par la perception, de sorte que jusqu'à la perception les fruits séparés auraient été dépouillés de la protection juridique, car le propriétaire de la chose frugifère était inconnu (ou n'existait pas du tout). A cette condition les fruits pouvaient être saisis par d'autres prétendants contre lesquels le possesseur ne pouvait pas être protégé. Cet embarras du possesseur était évidemment connu des juristes. Voici deux cas :

(1) D., 22, 1, 28, pr. : « agni et haedi et vituli statim *pleno iure* sunt bonae fidei possessoris.

(2) Il n'en faut pas conclure, que les fruits dont la propriété appartient au possesseur de bonne foi, ne sont pas susceptibles d'être usucapés. L'usucapion lui peut être utile, comme à tout propriétaire, en lui fournissant une preuve efficace (*causa liquida*). Dans ce sens l'usucapion est nommée *adiectio dominii* (D., 41, 3, 3). Ainsi dans le même endroit Paul remarque : lana ovium furtivarum si apud furem detonsa est usucapi non potest, si vero apud bonae fidei emtorem, *contra* (D. 41, 3, 4, 19). Cf. encore D., 41, 10, 2 : « pro nostro possidemus — similiter fructus rei emtae etc. ». Aussi D., 41, 3, 4, 5.

Julien (D., 22, 1, 25, 1) parle du possesseur qui a semé les grains de froment d'autrui. Le froment, conclut le juriste, appartient au possesseur de quelque manière que les fruits soient séparés de la terre (*quoquo modo* a solo separati). Cette conclusion résulte du raisonnement suivant : si le possesseur acquérait les fruits par la perception, les épis coupés et pris par le propriétaire des semences, n'auraient pas appartenu au possesseur.

Paul (D., 41, 1, 48, 2) parle de la vente d'une vache pleine ou à lait. Si le possesseur n'acquérait les fruits que par la perception, il n'aurait pas pu répéter les fruits contre celui qui avait anticipé sur la perception du veau ou du lait.

L'usufruitier acquiert les fruits, d'ordinaire, par la perception ; mais sa condition juridique n'est pas la même. Les fruits avant d'être séparés appartiennent, comme faisant partie de la chose frugifère, au propriétaire ; ils sont alors à l'égard de l'usufruitier *res alienae*. Voilà pourquoi la séparation faite par n'importe qui fait acquérir la propriété des fruits au propriétaire du bien (D., 7, 1, 12, 5 : si le voleur coupe des fruits mûrs, le propriétaire du bien a la condiction avant que l'usufruitier ait fait la perception) (1). Or les fruits sont soumis avant la perception à la pleine disposition du propriétaire. Le délai entre la séparation et la perception ne forme pas une période dans laquelle il n'y aurait pas de sujet du droit.

Ces réflexions nous conduisent à croire que les juristes avaient compris que le possesseur de bonne foi n'était pas suffisamment protégé en ce qui concerne les fruits s'il ne les acquérait pas par la séparation. En outre ils ont vu que souvent l'usucapion des fruits n'était pas suivie *à temps* des conséquences juridiques que produisait l'usucapion normale. C'était une autre singularité dont nous allons parler maintenant.

IV

Supposons que la possession n'a que la possession des fruits. L'usucapion des fruits, comme des meubles, doit être

______

(1) Cf. Girard, *Manuel élémentaire*, p. 309. — L'usufruitier a aussi l'*actio furti*, mais elle ne pouvait pas, sans doute, avoir lieu en cas de la *separatio non fraudulosa*.

annuelle. Si la chose principale est meuble, l'usucapion des fruits sera en retard en comparaison de l'usucapion de la chose, parce que le délai de l'usucapion dans le premier cas datera de la perception des fruits et dans le second cas du premier jour de la possession (à partir de la tradition de la chose). Voilà un résultat assez curieux : la chose déjà usucapée, les fruits restent au possesseur. A quoi donc peut servir l'usucapion retardée des fruits? Est-ce que le propriétaire qui vient de perdre le droit de revendiquer la chose, en vertu de l'usucapion accomplie, pourra encore revendiquer les fruits? Cela est impossible.

Africain nous dit (D., 44, 1, 18) que si l'on intente contre le possesseur l'action personnelle au sujet des fruits le possesseur peut opposer l'exception : *quod praeiudicium fundo partive eius non fiat*. Le demandeur des fruits doit prouver préalablement la propriété de la chose ; autrement la restitution des fruits ne sera pas ordonnée. Le droit sur les fruits dépend du droit sur la chose frugifère.

L'usucapion des immeubles est deux fois plus longue que l'usucapion des fruits. Le possesseur des fruits peut devenir propriétaire des fruits un an après la perception, quelquefois avant d'être propriétaire de l'immeuble. Mais en réalité les fruits des immeubles (froment, avoine, foin, légumes, etc.), sont à consommer d'ordinaire durant la première année après la récolte. Le possesseur tâchera de profiter des fruits (les consommer, les vendre, etc.), pour faire place dans ses dépôts à la récolte suivante. C'est pourquoi le possesseur n'a pas d'intérêt d'attendre toute une année les conséquences juridiques de l'usucapion des fruits (1).

La plupart du temps l'exercice annuel du droit du possesseur sur les fruits dès leur séparation lui conférerait trop tard la propriété des fruits. Cependant dès la séparation le possesseur aurait déjà besoin, comme nous avons vu, de la protection im-

---

(1) Si le Digeste (année 533) parle dans les fragments des jurisconsultes du *longo tempore capio* des immeubles (D., 41, 1, 48), il s'agit alors du nouveau délai commun introduit par Justinien (C., 7, 31 : « de usucapione transformanda », anno 531). Les juristes classiques, connaissaient l'*usucapio*, non pas la *longo tempore capio* (on peut rencontrer *longi temporis praescriptio*, D., 12, 2, 13, 1).

médiate des fruits. Dans ces conditions singulières les juristes construisent le droit singulier (*ius singulare*) du possesseur sur les fruits. Il est très intéressant de voir, comment lés juristes se sont servis des motifs de l'usucapion normale pour établir au profit du possesseur le *ius fruendi*, propre au *dominus proprietatis*.

V

Les juristes donnent des motifs laconiques, mais très puissants; *suis operis, ex facto eius is fructus nascitur* (D., 22, 1, 45), *diligentia et opera* (D., 41, 1, 48), *cultura et cura* (I., 2, 1, 37). Il est évident qu'ils prennent en considération dans ce cas non seulement la période après la séparation des fruits, mais aussi la période préliminaire, durant laquelle le possesseur détient la chose frugifère. Est-ce que cette dernière période peut avoir un effet juridique?

Certes, le propriétaire, revendiquant durant la période préliminaire, peut recevoir tout le gain, produit par l'exercice du *ius fruendi*, que s'attribue le possesseur de bonne foi (des champs cultivés, des légumes plantés, etc.). Ainsi le propriétaire est en état d'anticiper sur la récolte.

Si le propriétaire n'exerce pas son droit, les sources parlent de la *negligentia domini* (I., 2, 6, 7 : « si quis loci vacantis possessionem propter absentiam, aut negligentiam domini, — nanciscatur », etc.). A cette négligence, grâce à laquelle le propriétaire peut rester sans fruits produits par la culture, est opposée la *diligentia bonae fidei possessoris*. Si la diligence manque aussi au possesseur, le revendiquant peut ne pas recevoir *fructus exstantes*.

Quelques juristes exigeaient du possesseur, outre le soin ordinaire (*diligentia, cura*) le travail spécial (*opera et diligentia*) : la culture de la terre (*cultura*), la plantation des arbres (*factum eius*). Mais on a reconnu bientôt, comme règle commune, qu'indépendamment de la participation active du possesseur à la production des fruits, l'existence même des fruits, suffit pour constater l'exercice *iuris fruendi*, puisque les fruits représentent l'avantage (*commodum*) tiré de cet exercice (D., 8, 5, 6, 6). C'est pourquoi Paul a eu raison de remarquer (D., 41, 1, 48, pr.) : « bonae fidei emtor — fructus — suos — facit non tantum eos qui diligentia et opera eius pervenerunt, *sed omnes* ».

Cette période, pendant laquelle les fruits sont *in statu nascendi*, peut durer presque toute l'année (après la récolte — le labourage, l'ensemencement, etc.). Néanmoins *jure stricto*, malgré l'exercice évident de *ius fruendi* putatif, tout ce temps-là serait resté inutile au possesseur, puisqu'il devait usucaper pour devenir propriétaire des fruits. Cependant il avait besoin de protection pour les fruits séparés. Ayant en vue cette condition singulière du possesseur, les juristes ont combattu le *ius strictum* à l'aide de la *ratio naturalis* (*naturali ratione placuit* — I., 2, 1, 35).

Ils appuient sur la *ratio naturalis* le *dominium ex iure gentium* (1), qui peut devenir le *dominium ex iure civili* par l'usucapion. L'usucapion n'y est pas seulement le mode d'acquérir la propriété, elle sert plutôt à faciliter la preuve de la propriété. Les juristes la mentionnent dans ce sens, en parlant de la possession *pro suo* des animaux féroces, des oiseaux et d'autres choses devenues *ratione naturali* objets de la propriété *ex iure gentium* (D., 41, 10, 2).

VI

Nous sommes arrivés maintenant au nœud de l'énigme. Est-ce que le plein droit réel du possesseur sur les fruits ne dépouille pas le propriétaire du droit de les revendiquer? Il y a des manuels qui décrivent la revendication comme l'action du propriétaire non-possédant contre le *non-propriétaire* possédant (Dernburg, *Pandecten*, § 224) : la revendication ne doit pas s'appliquer contre le propriétaire. Certes, cela arrive d'ordinaire. Mais cette définition n'est qu'empirique (à la manière de la description citée dans la logique de I. S. Mill : le corbeau est noir). Elle n'existait pas en droit romain puisqu'elle n'émanait pas logiquement de la protection de la propriété.

La propriété des fruits séparés étant reconnue au possesseur est-ce que le propriétaire perd son droit sur les fruits? Il n'y a pas de raison juridique de l'extinction de son *ius fruendi* jusqu'à l'accomplissement de l'usucapion de la chose.

---

(1) D. 41, 1, 1, pr. (Gaius) : « quarundam rerum dominium nanciscimur *iure gentium* quod *ratione naturali* inter omnes homines peraeque servatur, quarundam iure civili, etc. ».

Ainsi le propriétaire et le possesseur ont l'un et l'autre le droit identique, *jus fruendi* (D., 41, 1, 48 : *bonae fidei emtor — quod ad fructus attinet — loco domini paene est*). Ce droit peut être exercé de différentes manières : par des actes ayant trait à la production des fruits (l'amélioration de la terre, la greffe des plantes, etc)., à la récolte et à la garde des fruits, par des actes d'exploitation des fruits, au moyen de la consommation et de l'aliénation.

Entre autres l'acquisition de la possession des fruits (*perceptio, adprehensio* — D., 7, 1, 12, 5) est un cas de l'exercice du *ius fruendi*. Les juristes en parlent dans ce sens. Il est certain que l'usufruit est inaliénable, mais son exercice est aliénable. Par exemple, le mari ne pouvant pas céder l'usufruit à la femme peut lui vendre la perception des fruits, comme un acte de l'exercice du droit (D., 2 B, 3, 66 : — *vendat numo uno, ut ipsum quidem ius remaneat apud maritum, perceptio vero fructrum ad mulierem pertineat*).

Supposons maintenant que le propriétaire non-possédant qui n'a pas séparé le *ius fruendi* de son *dominium*, veuille obtenir la possession des fruits détenus par le possesseur de bonne foi. Devenu propriétaire des fruits dès leur séparation, il peut revendiquer non seulement la chose frugifère, mais aussi les fruits. Mais quant aux fruits, il rencontrera l'opposition du possesseur sous forme d'exception (*exceptio dominii*). Doit-il céder? Est-ce qu'il ne peut pas écarter l'exception par une réplique quelconque?

VII

Pour répondre à la question posée il faut bien voir le caractère singulier de ce litige. Nous y trouvons la collision de deux droits identiques (*iura fruendi*) dans leur exercice, pour l'appréhension des fruits séparés.

S'il existe deux droits incontestables l'un d'eux peut rencontrer l'autre dans son exercice, et trouver là un obstacle insurmontable. En ce cas il y a, dit-on, collision des droits. Par exemple, un créancier gagiste se rencontre avec un autre créancier ayant le même droit simultané sur la même chose : il ne réussira pas (pleinement ou il ne réussira pas même du tout, si le gage, dont la valeur ne dépasse pas la somme de la dette, est possédé par l'autre créancier).

La collision des droits réels se décide avant tout d'après le principe de l'antériorité de la date de la constitution des droits (*prior tempore — potior iure* — C., 8, 18, 4). C'est incontestable. Le droit réel est absolu. Tout le monde doit le reconnaître — et spécialement la personne qui acquiert un droit semblable au droit déjà constitué, parce qu'après la première constitution, elle ne pouvait acquérir un droit égal. C'est logique. C'est pourquoi le propriétaire qui vient d'acquérir la chose engagée prend la seconde place (après le créancier hypothécaire), c'est, d'après ce principe qu'on décide la collision des servitudes réelles et personnelles.

Ce principe est bien analysé au sujet du droit de gage. Marcien dit (D., 20, 4, 12) : si la possession de la chose engagée est demandée au premier créancier hypothécaire par l'autre créancier (*vindicet hypothecaria actione*) il est utile au premier d'opposer l'exception suivante : *si non mihi ante pignori hypothecaeve nomine sit res obligata*. Si le premier revendique de l'autre qui possède la chose et par conséquent oppose l'exception : *si non convenit ut sibi res sit obligata*, il peut donner la réplique contenant la phrase citée (de son exception). Voilà le cas de Marcien. *Mutatis mutandis*, le même résultat se produit dans d'autres cas de collision des droits réels.

De la même manière doit réussir dans la revendication des fruits la réplique du demandeur auquel le possesseur de bonne foi oppose l'*exceptio domini*. Le plein *ius fruendi* en vertu duquel, selon les juristes, le possesseur de bonne foi acquiert la propriété des fruits séparés, appartenait, avant l'acquisition de la possession de la chose, au demandeur, comme faisant partie intégrante de son *dominium*. Comme le droit réel, il était dès lors obligatoire pour tout le monde, y compris le possesseur de bonne foi.

En général, dans la collision juridique le droit du défendeur n'est pas annulé, seulement il reste sans effet juridique en cas de litige ; mais il peut être exercé valablement avant et après le procès. Le second créancier gagiste, par exemple, peut être indemnisé après le premier. C'est pourquoi la disposition des fruits qui précède la revendication n'est pas à discuter : le possesseur ne rend pas les fruits consommés (*fructus consumti*) avant la *litis contestatio*. Et dans ce cas, quand il restitue *fructus exstantes*, le défendeur ne perd pas *eo ipso* son *ius fruendi*. Ce droit ne lui appartient plus par une autre raison : puisqu'il cesse d'être possesseur de bonne foi dès la *litis contestatio*.

Julien dit (D., 21, 2, 43) : si le veau mis bas après l'achat de la vache, est l'objet d'une éviction, l'acheteur ne peut pas intenter l'action au double (*ex stipulatu*) contre le vendeur, parce que l'éviction ne porte ni sur la vache ni sur l'usufruit. Si nous appelons le veau fruit de la vache, nous indiquons le corps, non pas le droit, de même que nous appelons exactement fruits le froment et le vin, quoique les objets s'appellent inexactement usufruits.

L'interprétation de Vangerow (*Pandecten*, § 326, 9), qui voit en *vaccae emtor* l'acheteur de bonne foi, est très répandue. Mais il vaut mieux dire que les sources, parlant simplement de l'acheteur ou d'autres contractants, ont en vue les contractants de toute sorte, n'importe de bonne ou de mauvaise foi (1). Et dans notre cas de la restitution d'un seul fruit existant, la qualité du défendeur est à vrai dire indifférente (2).

L'action spéciale des fruits peut être, comme nous avons vu, écartée par la question préjudicielle de la propriété de la chose. Et dans la revendication de la chose la responsabilité des fruits fait partie de l'*arbitrium de restituendo* : la restitution des fruits s'impose au défendeur en forme de *stipulatio judicialis* (3).

---

(1) Les scholiastes ne demandent pas *mala fides* (Bas., 19, 11, 42) ; que la revendication ait pour objet le fruit et non pas la chose frugifère, c'est ce qui est expliqué dans deux hypothèses : la mort de la vache ou l'existence d'un legs (*per vindicationem*) constitué avant la vente de la vache.

(2) On peut envisager préférablement dans l'acheteur le possesseur de bonne foi parce qu'ordinairement la garantie d'éviction (*stipulatio duplae*) sert à l'acheteur pour être assuré de la calme possession (sans interruption). Le possesseur de mauvaise foi n'a pas besoin de cette garantie.

(3) La restitution se passait ainsi en tout cas sous Dioclétien (C., 3, 32, 22). Pfersche (*privatrechtliche Forschungen*, 1886, p. 67) n'admet pour l'époque classique que l'action spéciale (*vindicatio, condictio fructuum*) ajoutée à la *rei vindicatio*. En était-il ainsi en réalité? Peu importe pour le principe de la responsabilité.

VIII

L'exploitation des fruits (*uti fructibus* — D., 7, 1, 12, § 2) est un mode de l'exercice du droit (*ius fruendi*). Qu'elle consiste soit dans la satisfaction des exigences naturelles de l'ayant-droit ou dans l'aliénation des fruits, elle s'appelle consommation des fruits (*fructus consumere*). La consommation est suivie d'un gain (*lucrum*) pour l'ayant-droit parce qu'elle le débarrasse des dépenses nécessaires, ou lui procure l'équivalent des fruits aliénés. Le possesseur de bonne foi est-il responsable du gain tiré des fruits consommés?

Nous avons vu déjà que le possesseur ne rencontre pas d'obstacle à l'exercice de son *ius fruendi* jusqu'au moment de la collision juridique avec le propriétaire. C'est pourquoi les juristes affirment catégoriquement (D, 10, 1, 4, 2) : *et lucrari eum oportet si eos consumpsit.*

Si ce possesseur de bonne foi répond quelquefois au propriétaire de la consommation de la chose frugifère (quand il est impossible de la revendiquer au tiers, par exemple, à cause de sa perte — D., 12, 1, 23), cela résulte du principe de l'enrichissement injuste (*condictio*). Ce principe n'est pas à appliquer aux fruits consommés en vertu du plein droit du possesseur. C'est ce que disent les institutes de Justinien (J., 2, 1, 35) : « si postea dominus supervenerit et fundum vindicet, *de fructibus ab eo consumtis agere non potest* ».

Le célèbre fragment d'Africain (D., 41, 1, 40) dit la même chose. Le juriste qui exige du possesseur la *bona fides* à chaque acquisition faite par l'esclave, invoque l'analogie suivante : « haec fere cedere ut *quo casu fructus praediorum consumtos suos faciat bona fide possessor*, eodem per servum ex opera et re ipsius acquiratur ». La traduction ordinaire de la phrase soulignée contient un non-sens : « quand le possesseur fait siens (*suos facit*) les fruits consommés ». Il ne s'agit pas de l'acquisition par le possesseur de la propriété des fruits qui n'existent déjà plus, d'autant que les juristes ont déjà attribué la propriété des fruits du moment où ils ont été séparés.

Il est curieux que tous les romanistes prenant les *verba legis* pour non-sens, expliquent la *ratio legis* tout unanimement :

Africain parle du gain qui résulte pour le possesseur de la consommation des fruits.

Et si le sens de la loi n'est pas douteux, il faudrait traduire en conformité de ce sens. Est-ce que la phrase : *suos facit* — parle du gain ? Pour faire un gain il ne suffit pas de faire les fruits siens, car *fructus nondum consumti (fructus exstantes)* sont à restituer au demandeur. On s'enrichit par la consommation des fruits quand on satisfait aux exigences nécessaires de la vie ou quand on gagne l'équivalent des fruits. On lit dans les sources (D., 10, 1, 4, 2) : « *et lucrari eum oportet si eos consumsit* ». Ce que dit Africain du possesseur se trouve dans l'expression : *consumtos faciat*. Cette expression forme le prédicat; le mot : *suos* — est apposition grammaticale (1). Voilà la traduction, conforme au sens reconnu de tous les romanistes; en ce cas, de même que le possesseur consomme les fruits, comme siens, il profite des acquisitions de l'esclave qu'il tient pour sien de bonne foi. Cela veut dire, avant que le possesseur se heurte au *ius fruendi* du propriétaire, il est seul à profiter de l'exercice de son droit.

IX

Jusqu'à présent nous avons parlé des fruits naturels, c'est-à-dire, des produits organiques de la chose. Mais il s'agit aussi dans le procès, d'autres gains tirés par le possesseur : du loyer, du fret (*pensio, vectura*), etc. On rapproche ce gain, lorsqu'il est périodique, du fruit naturel. En ce cas les romanistes l'appellent, par analogie, fruit civil (*fructus civilis*). Les Romains le nommaient simplement *fructus* (D., 6, 1, 62; D., 22, 1, 38, 13; D., 42, 5, 8, 2), comme produit par l'ayant *ius fruendi*.

Les fruits naturels et civils étaient restituables dans la revendication, de la même manière : *officio iudicis*. On en disait : « et pensiones — (in judicium) venient (D., 5, 3, 27, 1); mercedes — loco sunt fructuum (D., 5, 3, 29); pensiones pro fructibus accipiuntur (D., 22, 1, 36). »

Mais la nature juridique de ces deux espèces de fruits est toute différente. Les modes d'acquisition n'ont rien de commun :

____

(1) Le verbe *facere* avec le participe passé se rencontre quelquefois dans la phrase contenant le double accusatif. Par exemple, chez Ulpien : *suspectum (tutorem) facere* — D., 27, 8, 2.

les fruits naturels s'acquièrent par un mode originaire — *separatio* (D., 6, 1, 62 — *natura* pervenit), les fruits civils — par un mode dérivatif, *traditio* (*ibid.* — *iuré percipitur*). Le possesseur de mauvaise foi n'a pas de propriété des fruits naturels (D., 5, 3, 40, 1) : *praedo fructus suos non facit;* mais il reçoit par tradition la propriété des loyers, s'il loue la chose à quelqu'un (qui ne peut pas même redemander le loyer par *condictio indebiti*, D., 12, 6, 55). Le caractère de la responsabilité des fruits naturels peut être réel (*vindicatio fructuum exstantium*, D., 13, 7, 22, 2), la responsabilité des fruits civils est toujours personnelle (D., 12, 6, 55 : *praedo — domino erit obligatus*).

Le possesseur de bonne foi répond-il des fruits civils? Pas de réponse dans les sources. Il n'en répond pas, croyons-nous, parce qu'en général il n'y a pas de responsabilité personnelle du possesseur de bonne foi avant la *litis contestatio*. Il n'est pas tenu d'être *diligens paterfamilias* envers le *dominus* dont l'existence lui est inconnue. Il n'est pas obligé d'indemniser pour les dommages survenus (D., 5, 3, 31, 3 : *quia quasi suam rem neglexit*) avant la revendication.

Un argument indirect se trouve dans le fragment d'Africain (D., 41, 1, 40) où l'acquisition de l'esclave possédé et son travail sont comparés avec le gain des fruits naturels consommés : ils profitent irrévocablement au possesseur. Quant au travail de l'esclave il est rapproché du *fructus civilis* (D., 5, 3, 29 : « operae quoque servorum in eadem sunt causa, qua sunt pensiones) ». Or, le *fructus civilis* du possesseur de bonne foi n'est pas restituable.

Nous sommes à la fin de notre étude. Voici donc la solution logique de l'énigme juridique.

Le possesseur de bonne foi avait *presque* le même *ius fruendi* que le propriétaire (*quod ad fructus attinet — loco domini paene est* — D. 41, 1, 48). La prérogative du propriétaire ne consistait que dans la priorité de son droit. S'ils avaient eu des droits identiques simultanés, le possesseur aurait retenu dans la revendication les fruits existants, en vertu du principe : *beati possidentes*. Mais la collision de leurs droits doit être réglée d'après la priorité du propriétaire. Les fruits existants doivent donc être restitués à ce dernier.

NOUVELLE
REVUE HISTORIQUE

DE

DROIT FRANÇAIS ET ÉTRANGER

PUBLIÉE SOUS LA DIRECTION DE MM.

Rodolphe DARESTE
Membre de l'Institut,
Conseiller à la Cour de Cassation.

Adhémar ESMEIN
Professeur à la Faculté de droit de Paris,
Directeur-adjoint à l'École pratique
des Hautes-Études

Marcel FOURNIER
Agrégé à la Faculté de droit de Caen,
Archiviste-Paléographe.

Joseph TARDIF
Docteur en droit, Archiviste-Paléographe.

Maurice PROU
Bibliothécaire à la Bibliothèque Nationale.

Georges APPERT
Docteur en droit, Secrétaire de la Rédaction.

PRINCIPAUX COLLABORATEURS : MM.

Ch. **Appleton**, professeur à la Faculté de droit de Lyon ; — F. **Aubert**, archiviste-paléographe ; — d'**Arbois de Jubainville**, membre de l'Institut, professeur au Collège de France ; — **Audibert**, professeur à la Faculté de droit de Lyon ; — **Beauchet**, Professeur à la Faculté de droit de Nancy ; — **Beaudouin**, professeur à la Faculté de droit de Grenoble ; — **Brunner**, professeur à l'Université de Berlin ; — **Brutails**, archiviste-paléographe ; — **Chénon**, professeur agrégé à la Faculté de droit de Paris ; — **Cuq**, professeur agrégé à la Faculté de droit de Paris ; — **Caillemer**, doyen de la Faculté de droit de Lyon ; — **Duguit**, professeur à la Faculté de droit de Bordeaux ; — **Engelhart** ministre plénipotentiaire ; — **Paul Fournier**, professeur à la Faculté de droit de Grenoble ; — **Gaudenzi**, professeur à l'Université de Bologne ; — **Gauckler**, professeur agrégé à la Faculté de droit de Caen ; — **Gérardin**, professeur à la Faculté de droit de Paris ; — **Girard**, professeur à la Faculté de droit de Paris ; — **Glasson**, membre de l'Institut, professeur à la Faculté de droit de Paris ; — P. **Guilhiermoz**, archiviste-paléographe ; — **Hauriou**, professeur à la Faculté de droit de Toulouse ; — **Jobbé-Duval**, professeur à la Faculté de droit de Paris ; — **Maxime Kovalewsky**, professeur à l'Université de Moscou ; — **Leseur**, professeur agrégé à la Faculté de droit de Paris ; — **May**, professeur à la Faculté de droit de Nancy ; — **Morlet**, archiviste-paléographe ; — **Planiol**, professeur à la Faculté de droit de Paris ; — **Le Poittevin**, professeur adjoint à la Faculté de droit de Paris ; — **Pols**, professeur à l'Université d'Utrecht ; — **Prou**, archiviste-paléographe, attaché à la Bibliothèque nationale ; — **Alphonse Rivier**, professeur à l'Université de Bruxelles ; — **Saleilles**, professeur à la Faculté de droit de Paris ; — **Tanon**, président à la Cour de Cassation ; — **Héron de Villefosse**, membre de l'Institut ; — **Paul Viollet**, membre de l'Institut.

Cette revue paraît tous les deux mois par livraisons de **10** feuilles environ et forme chaque année un beau volume in-8° de mille pages.

Les vingt-deux premiers volumes parus (1877 à 1898) avec les Tables de la *Revue de Législation* et de la *Nouvelle Revue historique* (1870-1885), 1 brochure... **220** fr.

Chaque volume se vend séparément : 15 fr., sauf les 6 derniers qui coûtent chacun 18 fr.

Les Tables seules... **3** fr.

PRIX DE L'ABONNEMENT ANNUEL :

Pour la FRANCE......... **18** fr. — Pour l'ÉTRANGER........ **19** fr.

BAR-LE-DUC. — IMPRIMERIE CONTANT-LAGUERRE.